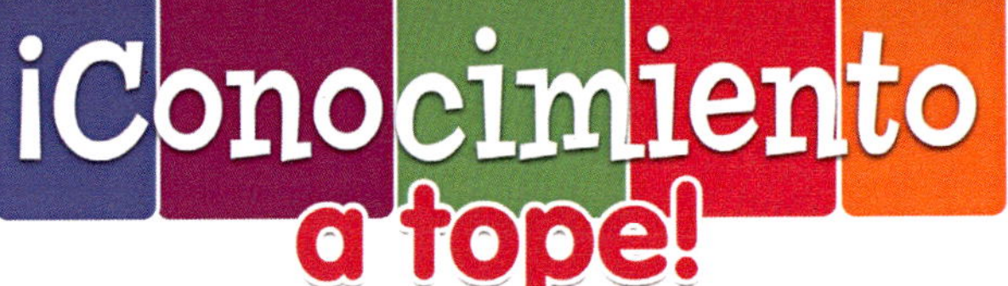

Artes en acción

Los artistas usan herramientas

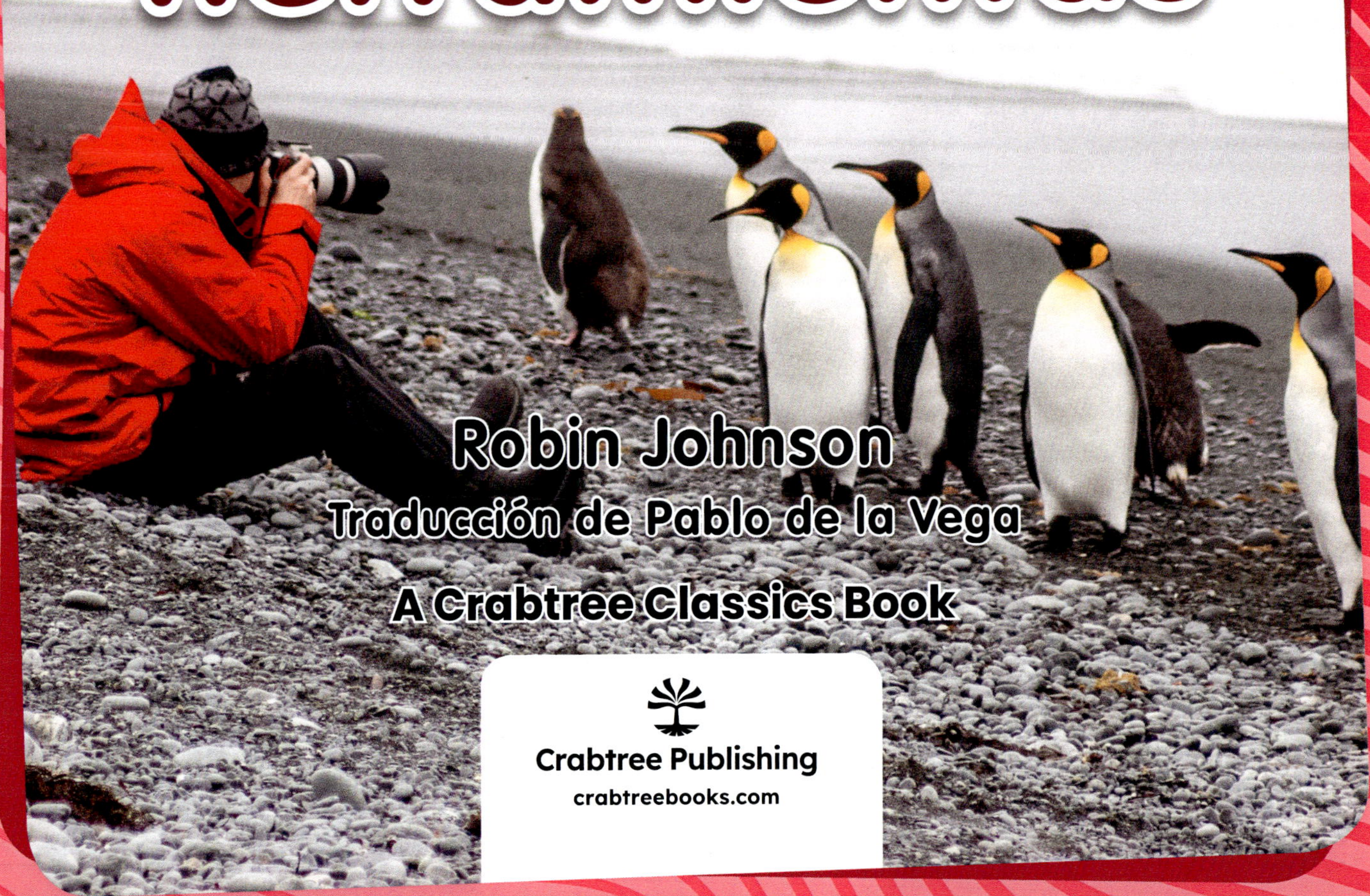

Robin Johnson

Traducción de Pablo de la Vega

A Crabtree Classics Book

Crabtree Publishing
crabtreebooks.com

Objetivos específicos de aprendizaje:
Los lectores:

- Entenderán un vocabulario que no les es familiar al hacer preguntas sobre el contenido y responderlas.
- Explicarán que una herramienta es algo que nos ayuda a hacer un trabajo.
- Entenderán que los artistas usan herramientas de maneras distintas para crear distintos tipos de arte.

Palabras de uso frecuente (primer grado)	Vocabulario académico
a, el/la/las, es, estos, hacer, usa(n), y	actuar, instrumentos, lápiz óptico, máquina de coser, personajes, plantilla, torno cerámico, zapatillas de punta

Estímulos antes, durante y después de la lectura:

Activa los conocimientos previos y haz predicciones:
Pide a los niños que lean el título y miren la imagen de la portada (fotógrafo y pingüinos).

Activa su interés y conocimientos previos haciendo afirmaciones sobre el tema y pidiéndoles que levanten el dedo pulgar si están de acuerdo o lo apunten hacia abajo si están en desacuerdo. Las afirmaciones pueden incluir:

- El hombre en la foto es un artista.
- Sólo los artistas usan herramientas.
- Una cámara es una herramienta.

Durante la lectura:
Después de leer las páginas 6 y 7, detente y pide a los niños que usen sus propias palabras para describir cuál es la idea principal contenida en ellas. Haz preguntas estimulantes, como:

- ¿Qué es una herramienta? ¿Por qué los artistas usan herramientas?

Después de la lectura:
Habla acerca de algunas de las herramientas mencionadas en el libro. Pregunta a los niños qué herramientas ayudan a los artistas a agregar color, crear formas, hacer música o actuar. Haz que los niños completen una tarjeta de salida en la que anoten su propia definición de herramienta y dibujen tres ejemplos distintos.

Author: Robin Johnson

Series development: Reagan Miller

Editor: Janine Deschenes

Proofreader: Melissa Boyce

STEAM notes for educators:
Reagan Miller and Janine Deschenes

Guided reading leveling: Publishing Solutions Group

Cover and interior design: Samara Parent

Photo research: Robin Johnson and Samara Parent

Print coordinator: Katherine Berti

Translation to Spanish: Pablo de la Vega

Edition in Spanish: Base Tres

Photographs:
iStock: vgajic: p. 11
Shutterstock: Igor Bulgarin: p. 5, 16; Lucy Brown - loca4motion: p. 7; Saurav022: p. 12; artapartment: p. 17; MindStorm: p. 18; Snehal Jeevan Pailkar: p. 19; pistolseven: p. 20
All other photographs by Shutterstock
All other photographs by Shutterstock

Library and Archives Canada Cataloguing in Publication

Title: Los artistas usan herramientas / Robin Johnson ; traducción de Pablo de la Vega.
Other titles: Artists use tools. Spanish
Names: Johnson, Robin (Robin R.), author. | Vega, Pablo de la, translator.
Description: Series statement: ¡Conocimiento a tope! Artes en acción | Translation of: Artists use tools. | Includes index. | Text in Spanish.
Identifiers: Canadiana (print) 20200296280 | Canadiana (ebook) 20200296299 | ISBN 9780778782834 (hardcover) | ISBN 9780778783206 (softcover) | ISBN 9781427126290 (HTML)
Subjects: LCSH: Arts—Juvenile literature. | LCSH: Artists' materials—Juvenile literature. | LCSH: Artists' tools—Juvenile literature.
Classification: LCC NX633 .J6418 2021 | DDC j702.8/4—dc23

Printed in Canada/032024/CPC20240303

Library of Congress Cataloging-in-Publication Data

Names: Johnson, Robin (Robin R.), author. | Vega, Pablo de la, translator.
Title: Los artistas usan herramientas / Robin Johnson ; traducción de Pablo de la Vega.
Other titles: Artists use tools. Spanish
Description: New York : Crabtree Publishing Company, [2021] | Series: ¡Conocimiento a tope! Artes en acción | Includes index.
Identifiers: LCCN 2020032501 (print) | LCCN 2020032502 (ebook) | ISBN 9780778782834 (hardcover) | ISBN 9780778783206 (paperback) | ISBN 9781427126290 (ebook)
Subjects: LCSH: Artists' tools--Juvenile literature.
Classification: LCC N8543 .J6418 2021 (print) | LCC N8543 (ebook) | DDC 702.8/4--dc23
LC record available at https://lccn.loc.gov/2020032501
LC ebook record available at https://lccn.loc.gov/2020032502

Índice

Crabtree Publishing Company
www.crabtreebooks.com 1-800-387-7650

In Canada: We acknowledge the financial support of the Government of Canada through the Canada Book Fund for our publishing activities.

Published in Canada
Crabtree Publishing
616 Welland Ave.
St. Catharines, Ontario
L2M 5V6

Published in the United States
Crabtree Publishing
347 Fifth Ave
Suite 1402-145
New York, NY 10016

Published in the United Kingdom
Crabtree Publishing
Maritime House
Basin Road North, Hove
BN41 1WR

Published in Australia
Crabtree Publishing
Unit 3 – 5 Currumbin Court
Capalaba
QLD 4157

¿Qué es un artista?

Un artista es una persona que **crea** arte.
Los artistas crean muchos tipos de arte.
Dibujan o pintan imágenes.
Bailan y componen música.

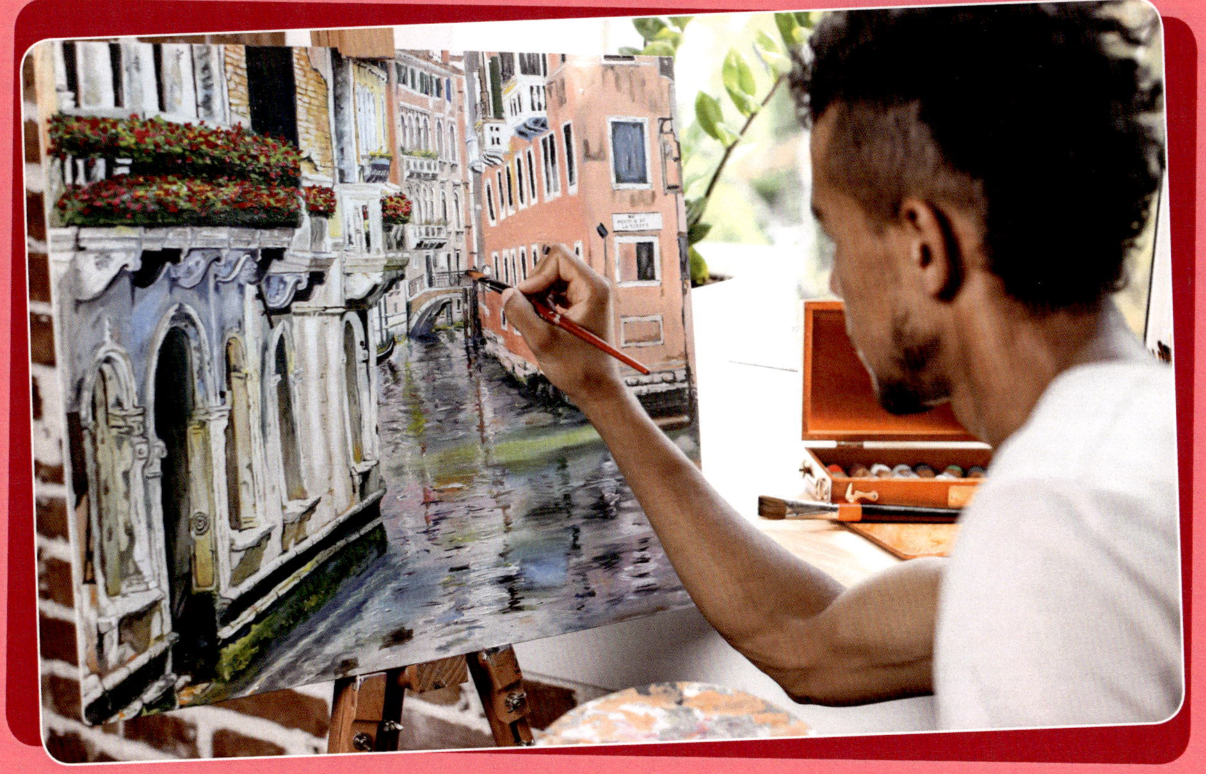

Este artista está pintando una imagen de una ciudad.

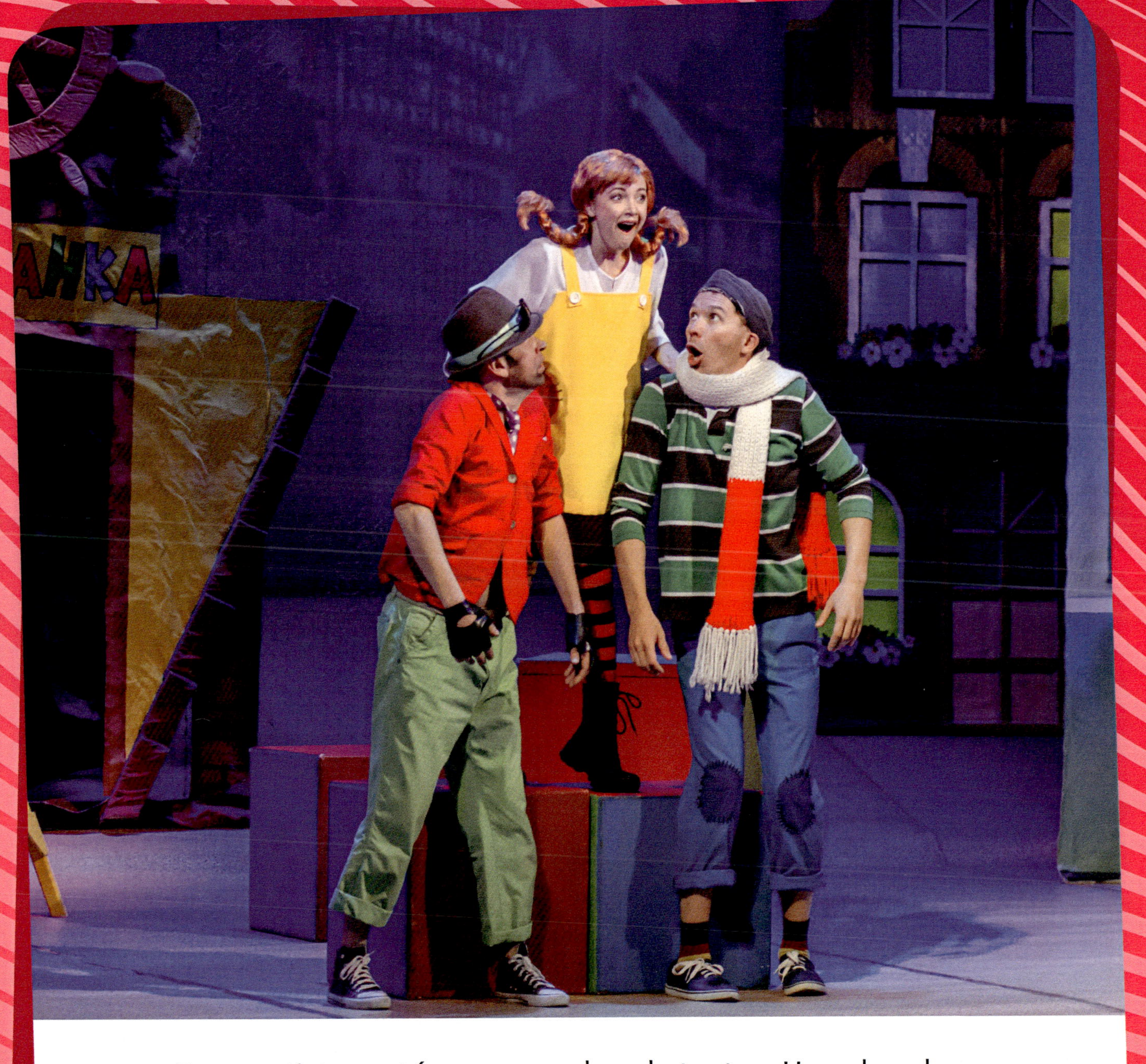

Estos artistas actúan en una obra de teatro. Una obra de teatro es un tipo de arte. Es un espectáculo que la gente ve.

Herramientas geniales

Los artistas usan herramientas para hacer arte. Las herramientas son cosas que nos ayudan a hacer nuestro trabajo. Los artistas usan diferentes herramientas para hacer distintos tipos de arte.

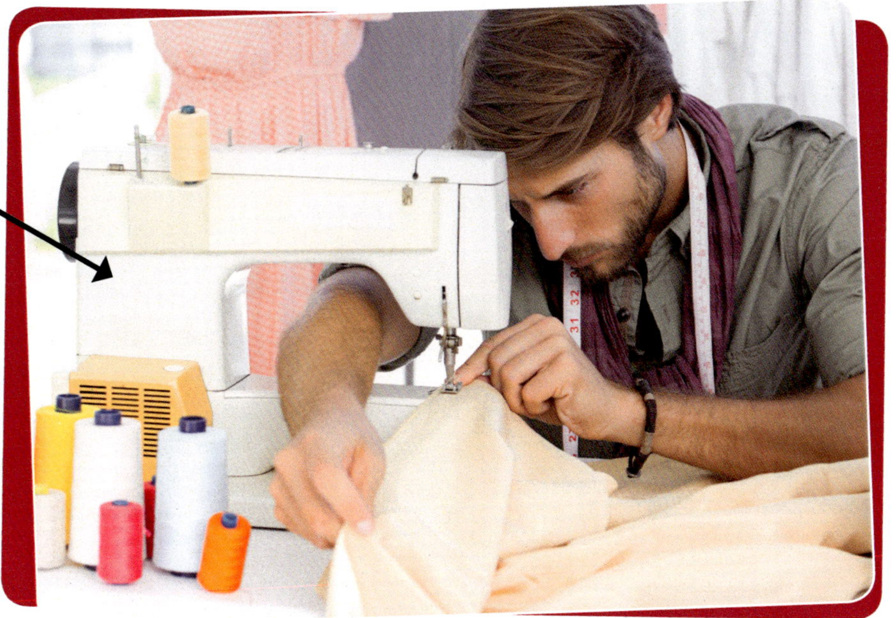

máquina de coser

Este artista usa una máquina de coser para hacer un vestido.

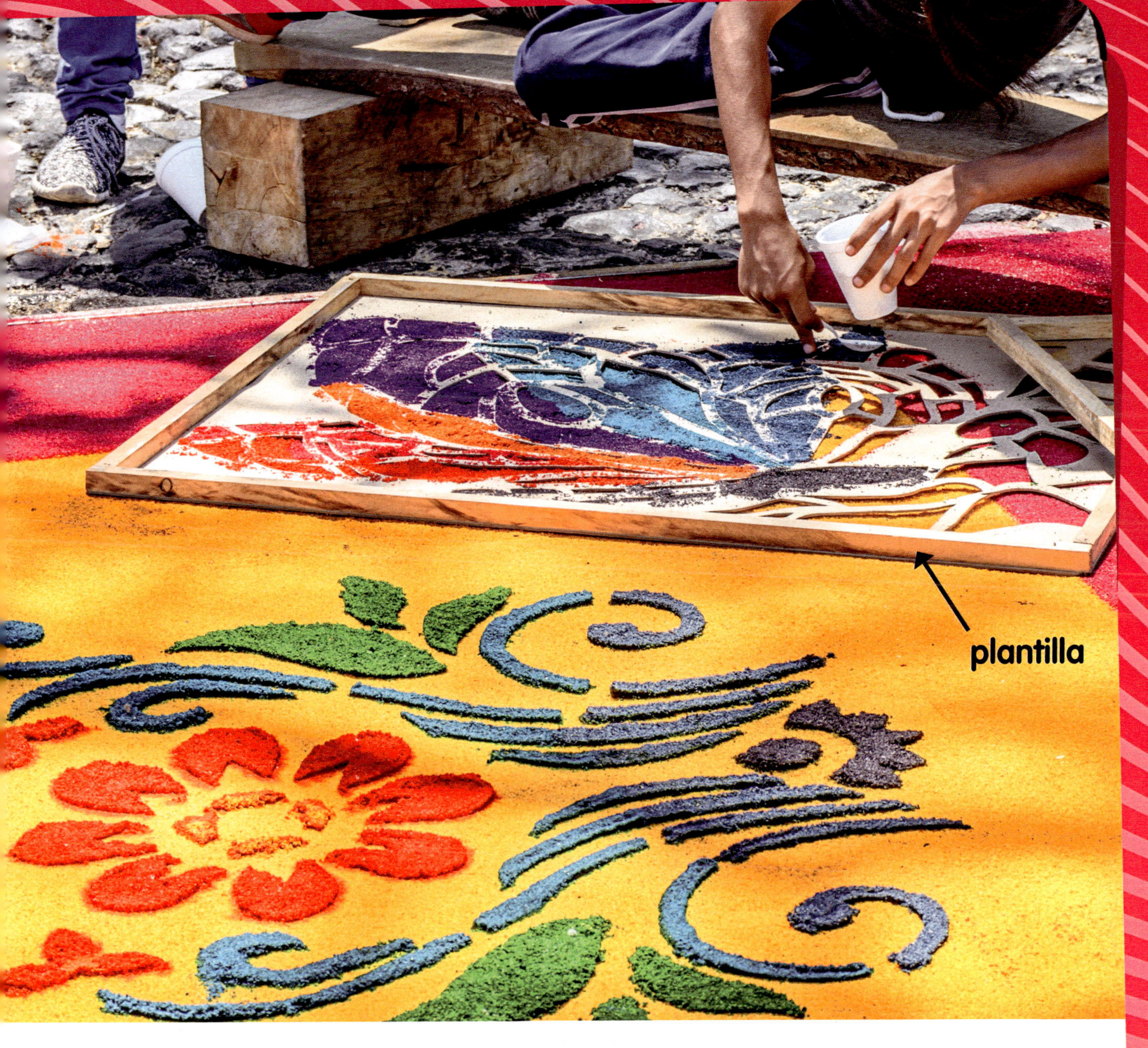

Una plantilla es una herramienta de arte.
Ayuda a los artistas a crear patrones y formas.

Dibujando y componiendo

Los artistas usan herramientas que les ayudan a dibujar y componer.

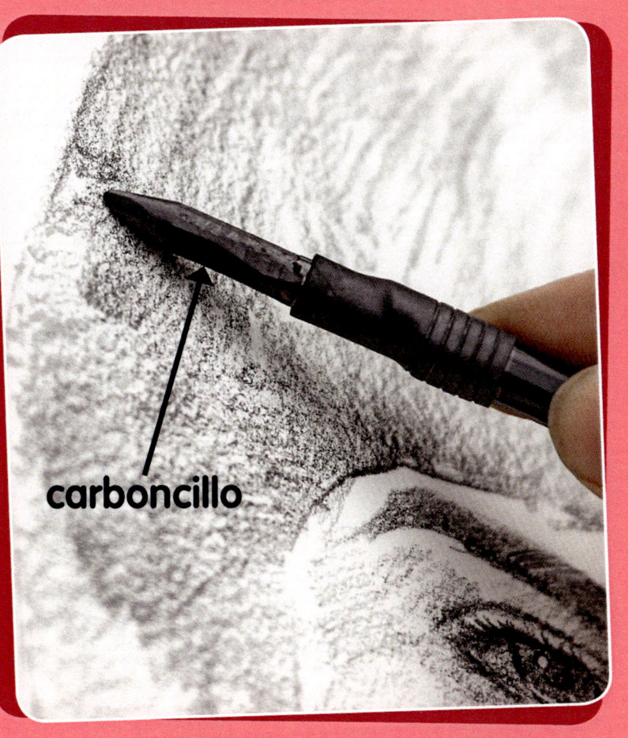

Este artista usa **carboncillo** para agregar líneas oscuras y **sombras** a un dibujo.

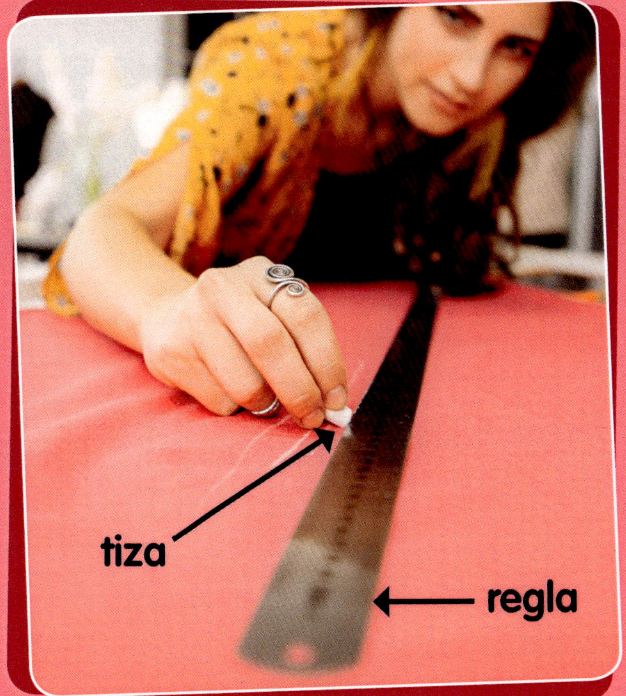

Esta artista usa tiza y una regla para dibujar una línea recta sobre un pedazo de **tela**.

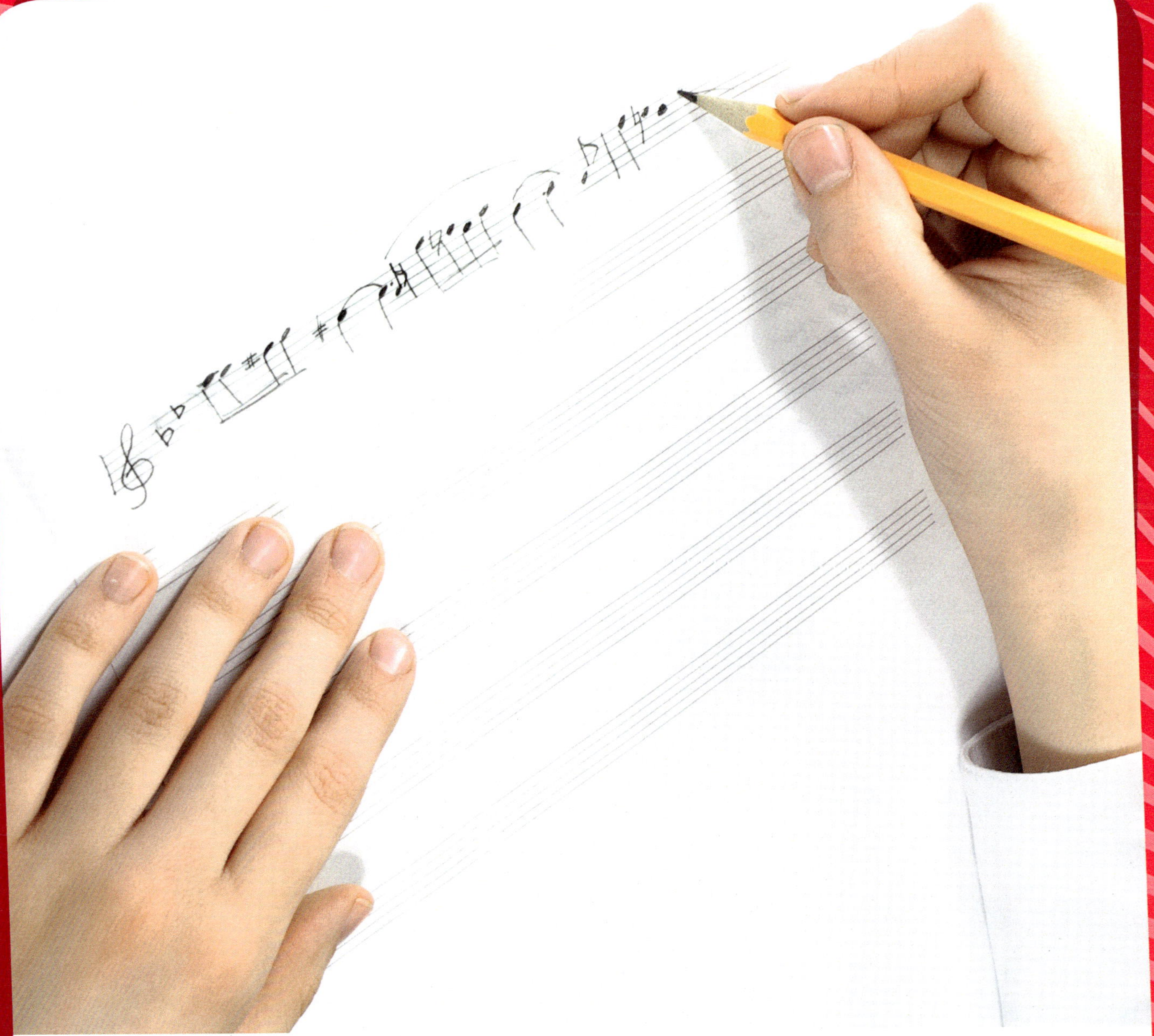

Este artista usa un lápiz para componer música.
Esta música crea una canción que la gente cantará.

Agregando color

Algunos artistas usan herramientas para agregar color a sus obras de arte. Los artistas usan lápices de colores para agregar color a sus dibujos. Los pintores usan pinceles para poner pintura colorida en su obra.

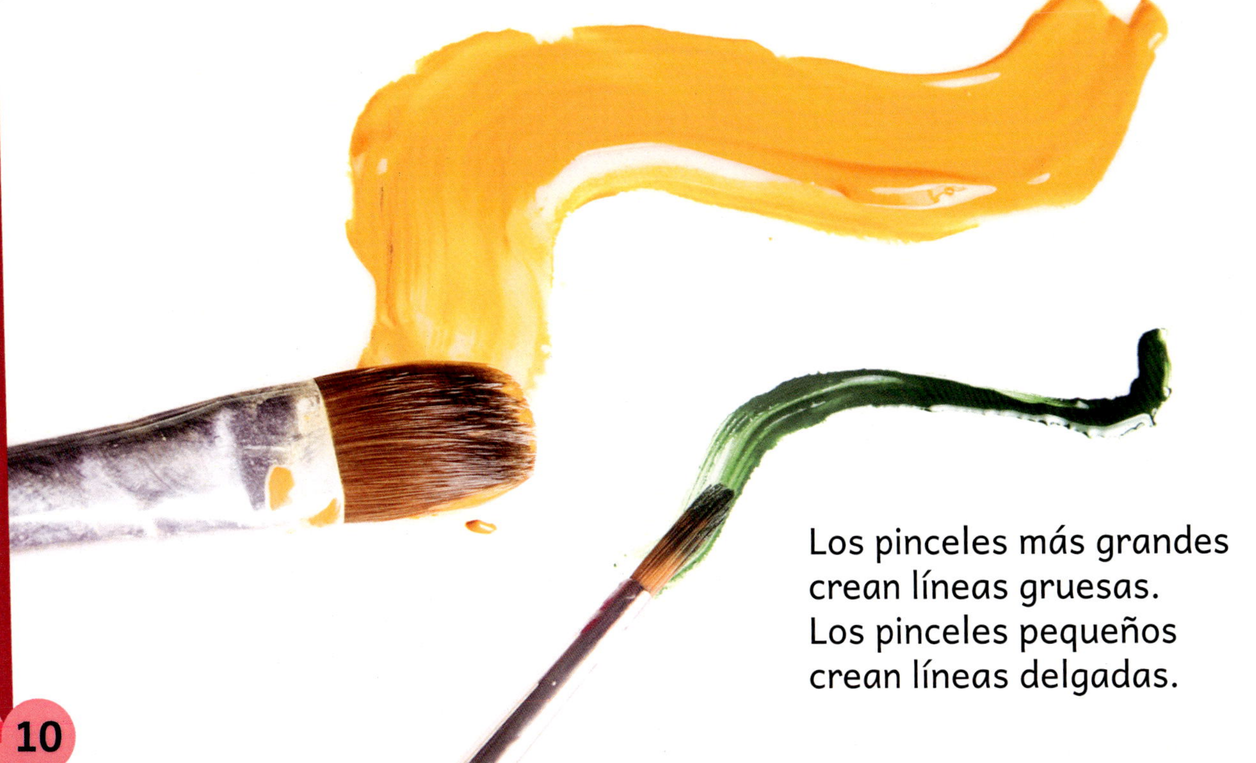

Los pinceles más grandes crean líneas gruesas. Los pinceles pequeños crean líneas delgadas.

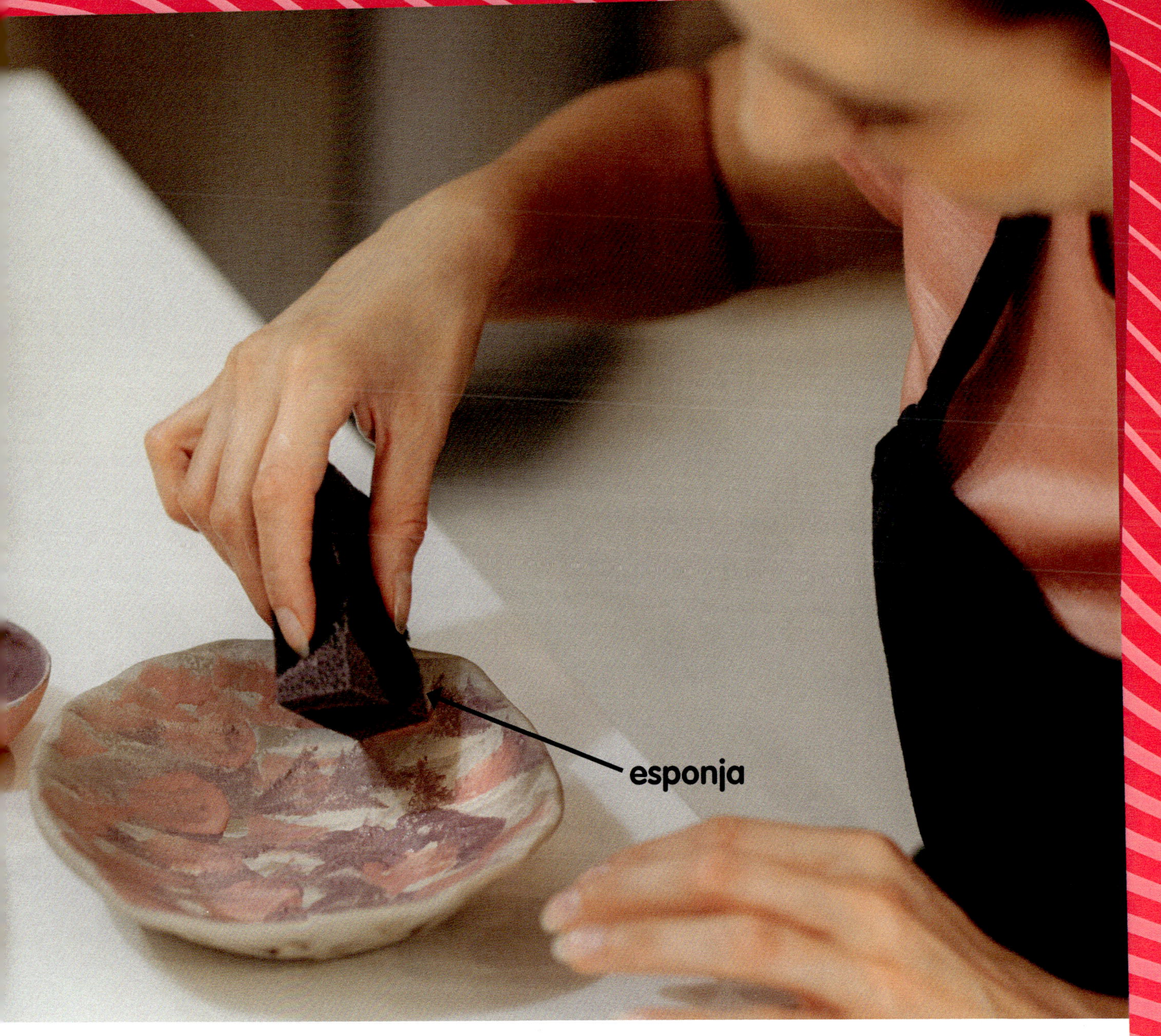

Esta artista usa una esponja para agregar pintura de colores a un tazón.

Haciendo formas

El arte tiene muchas formas. Los artistas usan herramientas para cambiar la forma de distintos materiales. Las nuevas formas que crean son arte.

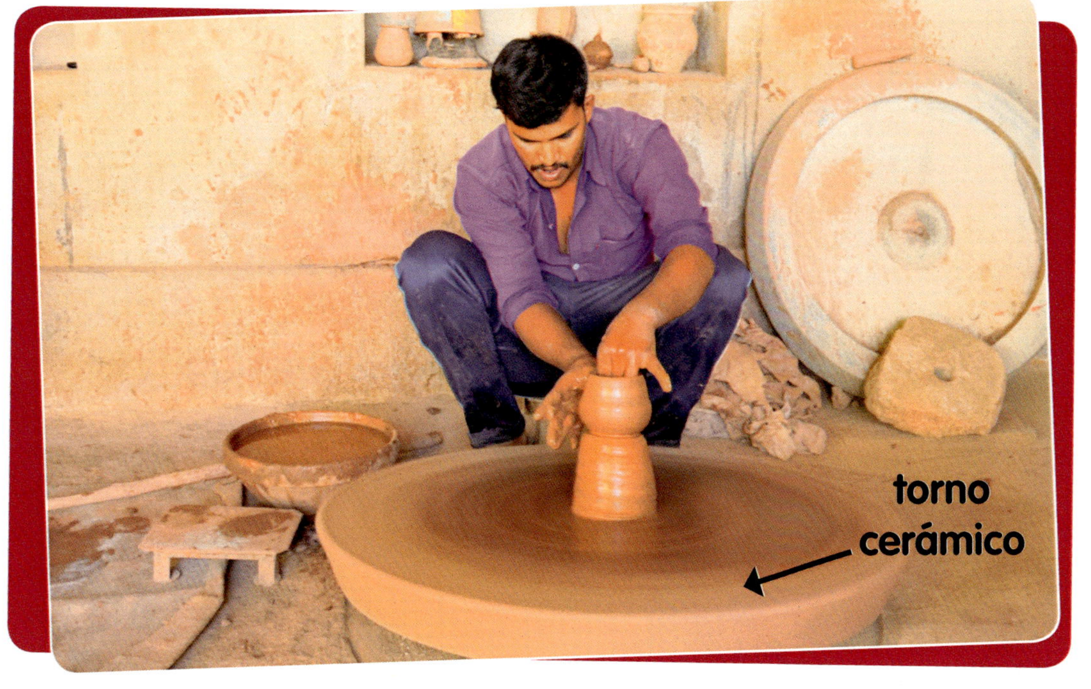

Este artista usa un torno cerámico para hacer distintas formas a partir del barro. ¡Las formas se convierten en un arte hermoso!

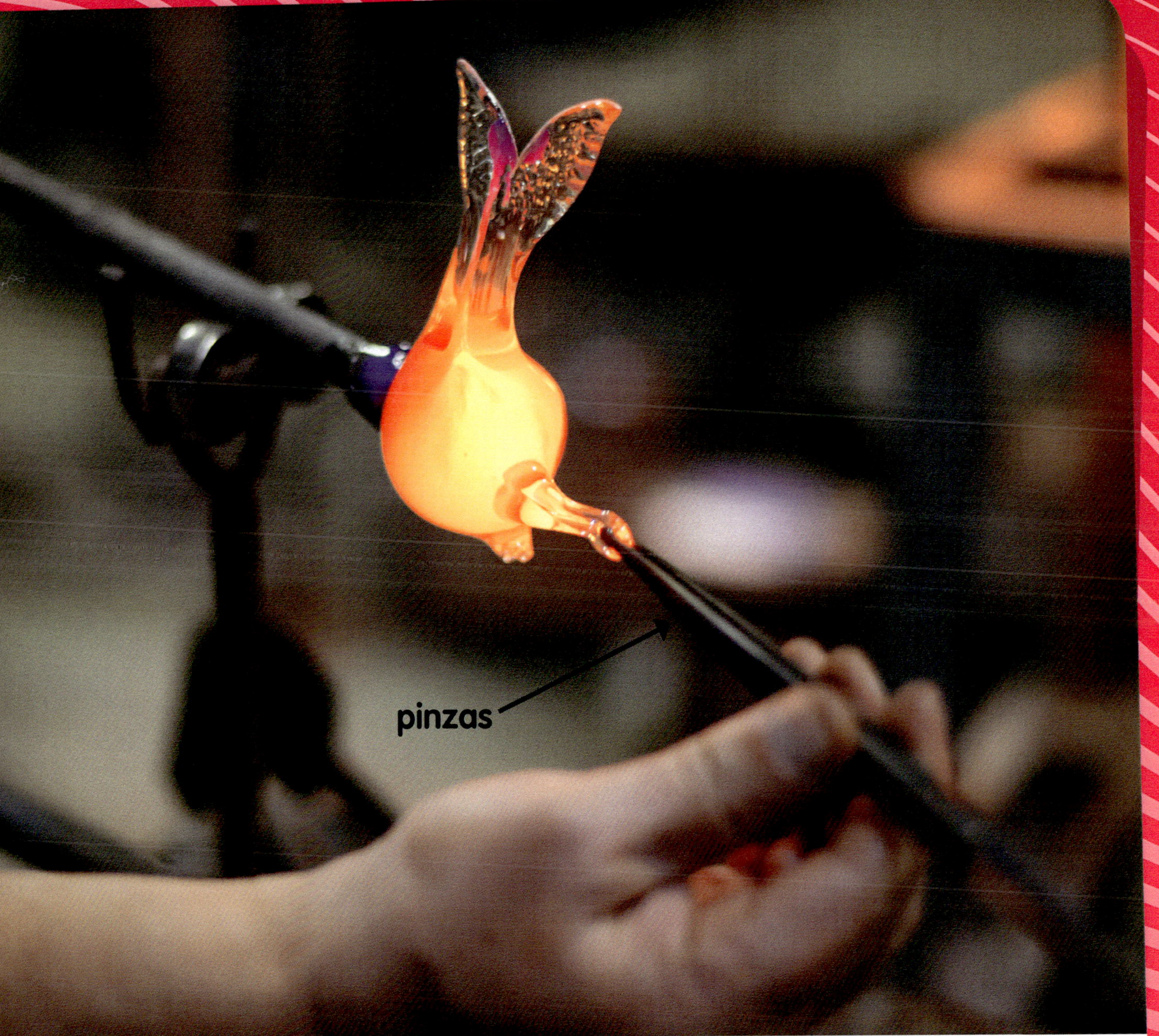

Este artista usa pinzas para crear formas con el vidrio.

Tomando fotografías

La fotografía es un tipo de arte. Los artistas usan herramientas llamadas cámaras para tomar fotografías. Algunas cámaras también permiten a los artistas hacer videos. Las películas que ves en el cine son videos hechos por artistas.

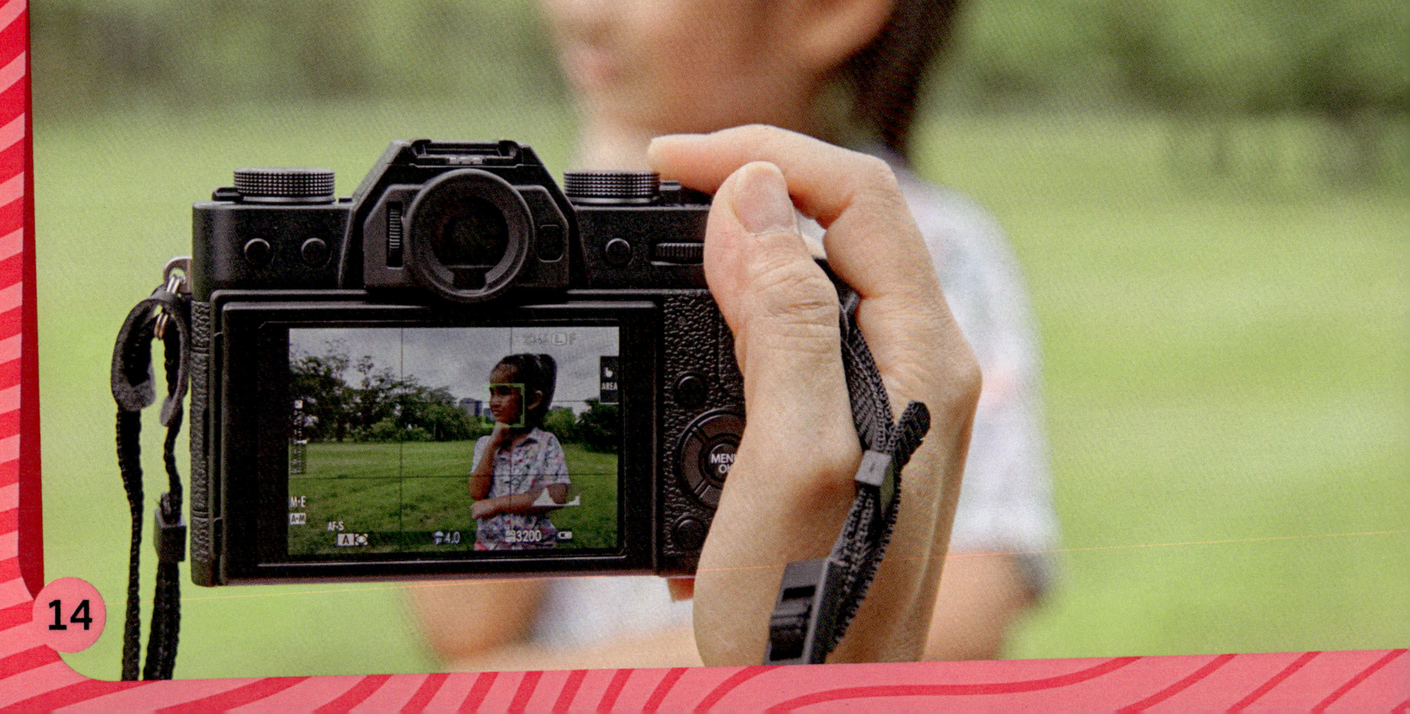

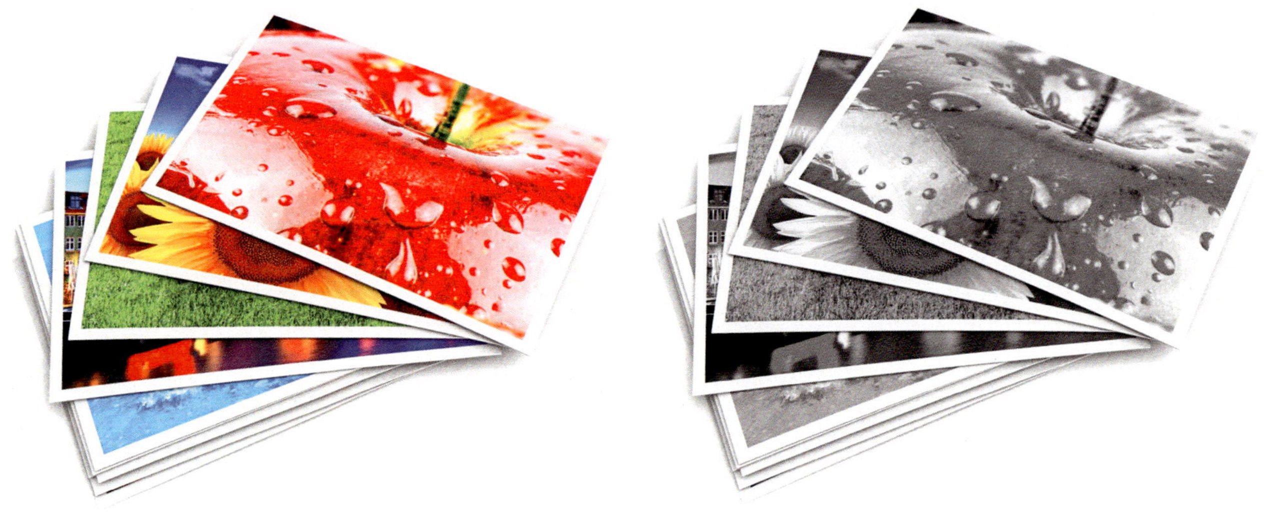

Los artistas pueden tomar fotografías a color o a blanco y negro.

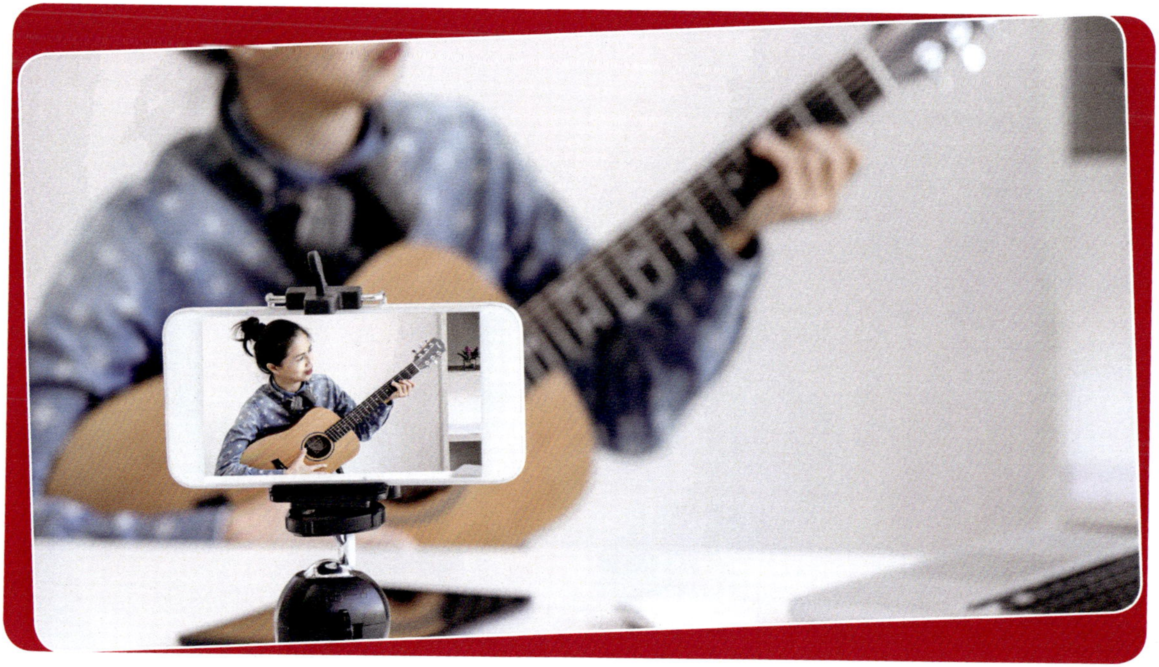

Esta artista usa una cámara para hacer un video musical.

Artes escénicas

Algunos artistas usan herramientas para **actuar** el arte. Montan espectáculos para que la gente los vea. Actúan, bailan y cantan.

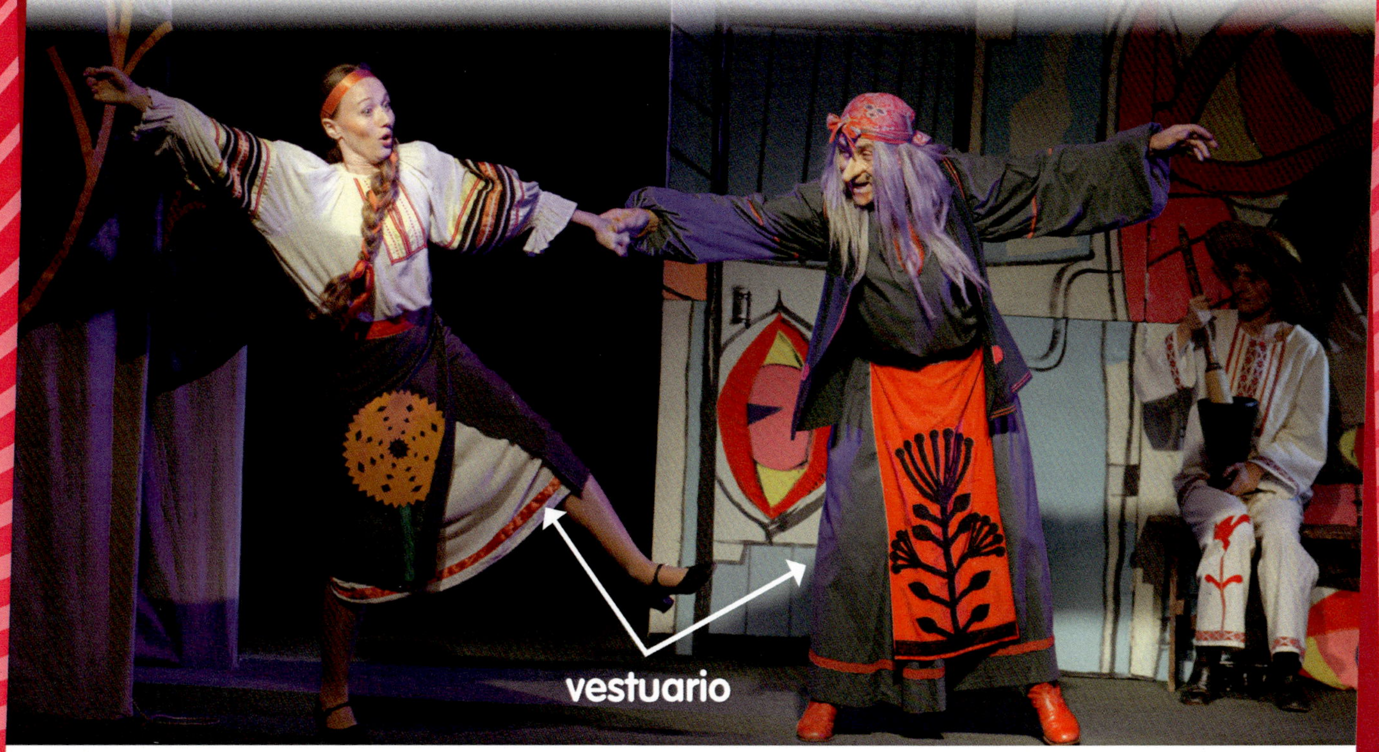

Los actores usan un vestuario para parecerse a los **personajes** de la obra.

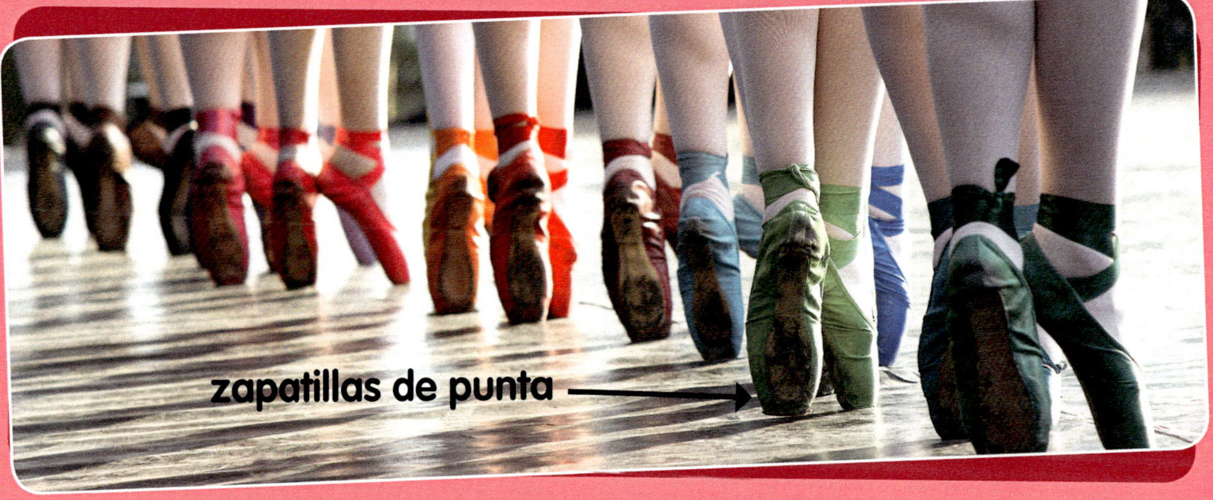

Algunos bailarines usan zapatillas de punta para pararse sobre los dedos del pie.

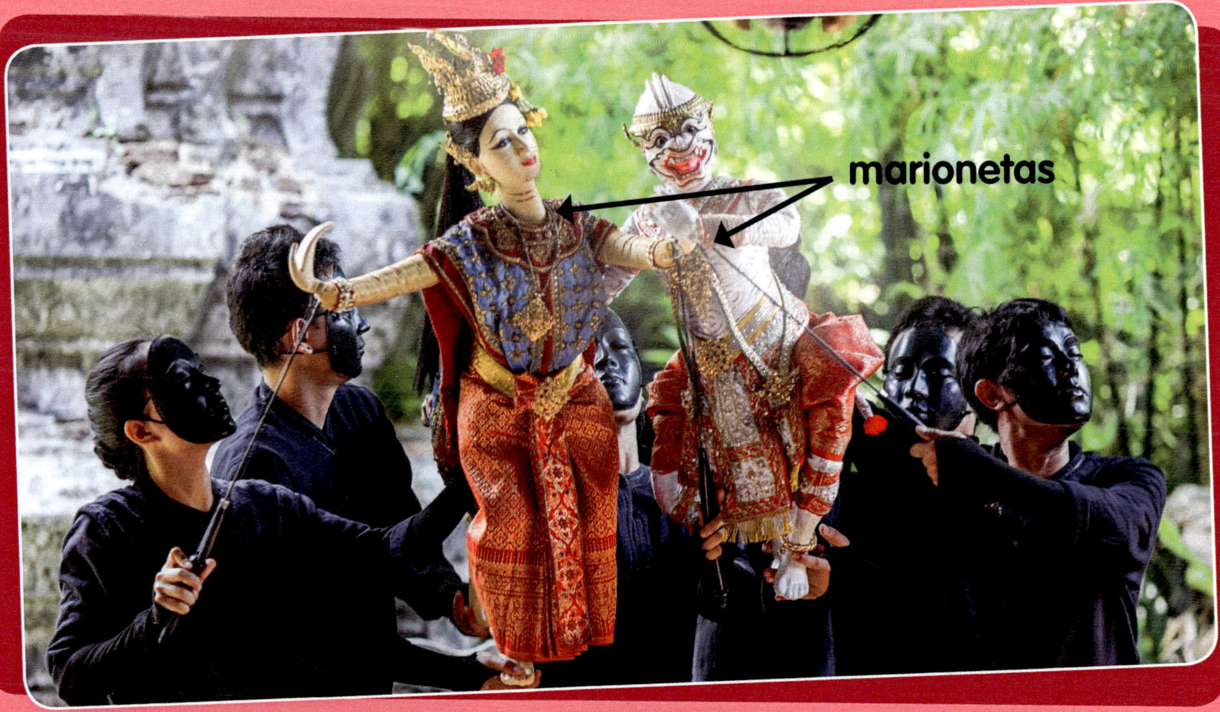

marionetas

Estos artistas usan marionetas para dar un espectáculo.

Creando música

Algunos artistas usan herramientas para crear música. Tocan **instrumentos** para hacer sonidos diferentes. Usan sus voces para cantar.

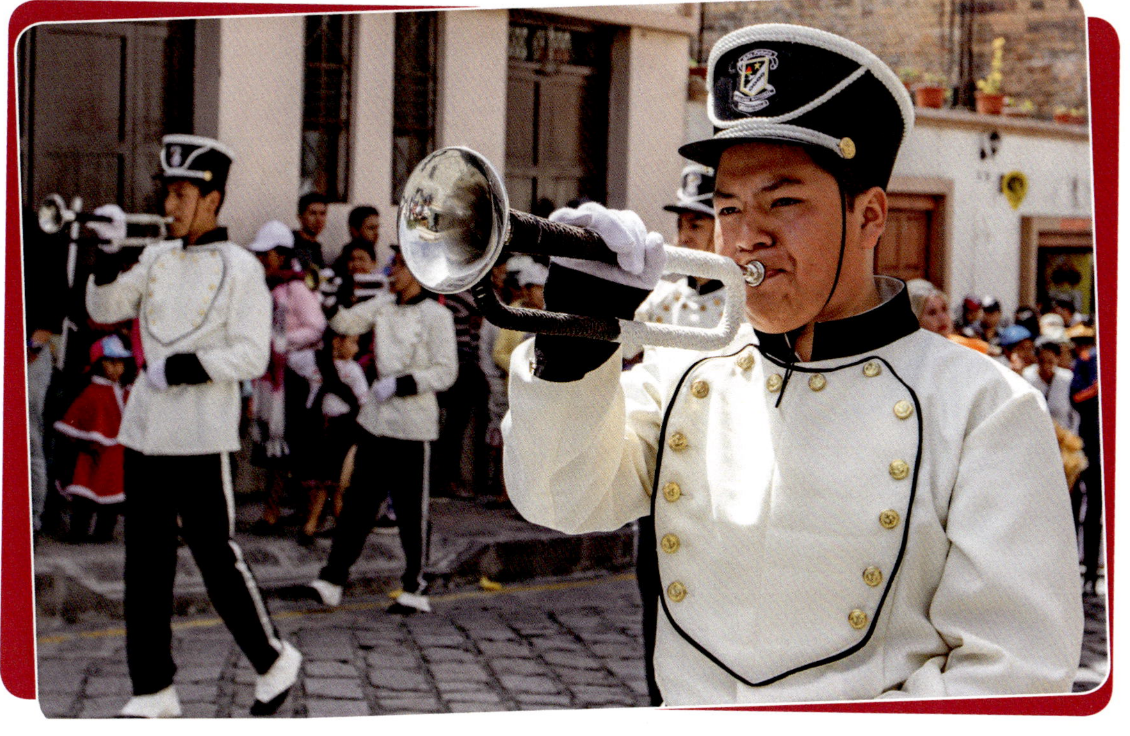

Estos artistas tocan la trompeta.

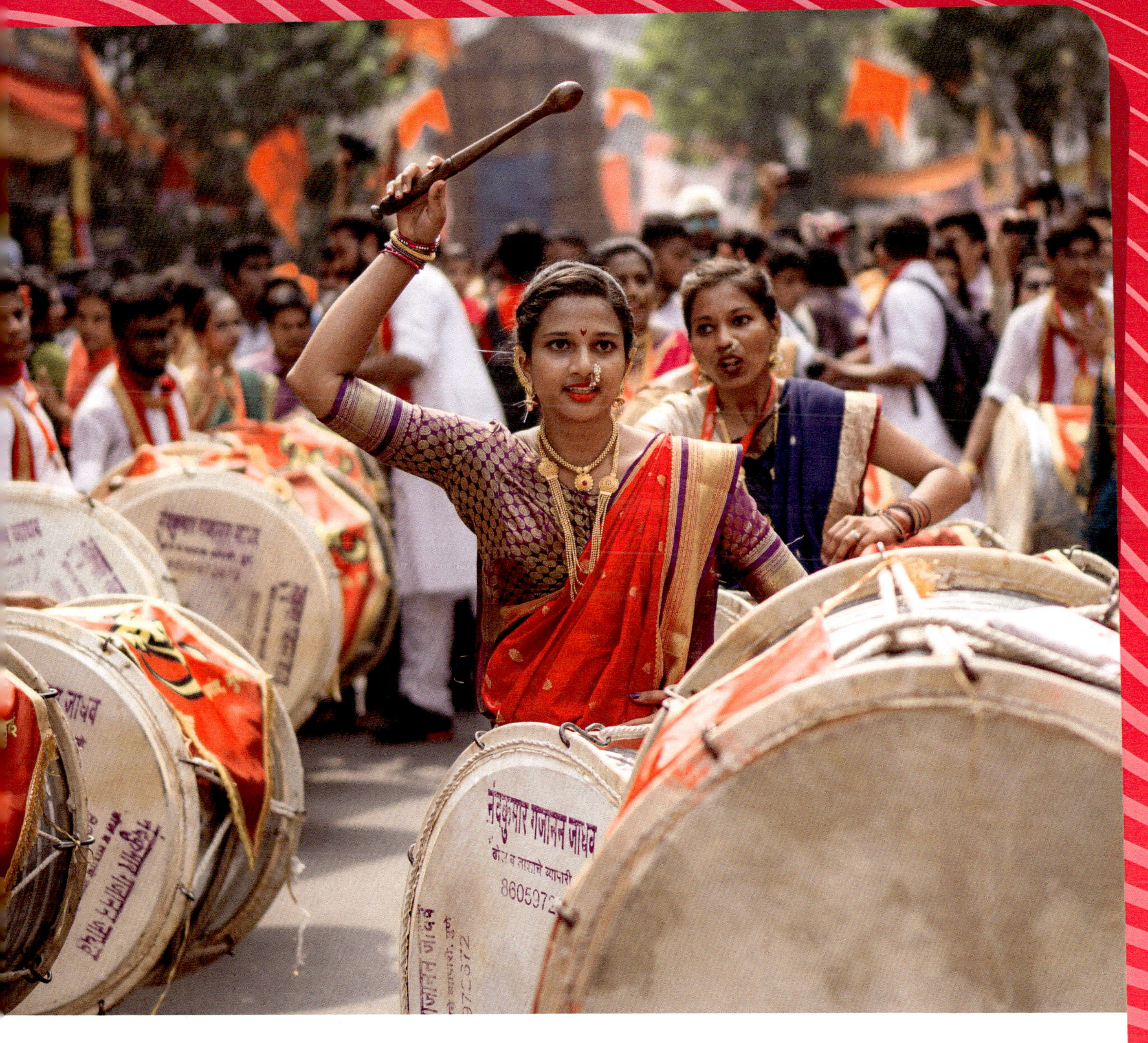

Esta artista usa un palo para tocar el tambor. Hace un sonido de golpeteo.

Arte en pantalla

Muchos artistas usan herramientas llamadas **computadores**. Los artistas usan computadores para crear arte en pantalla.

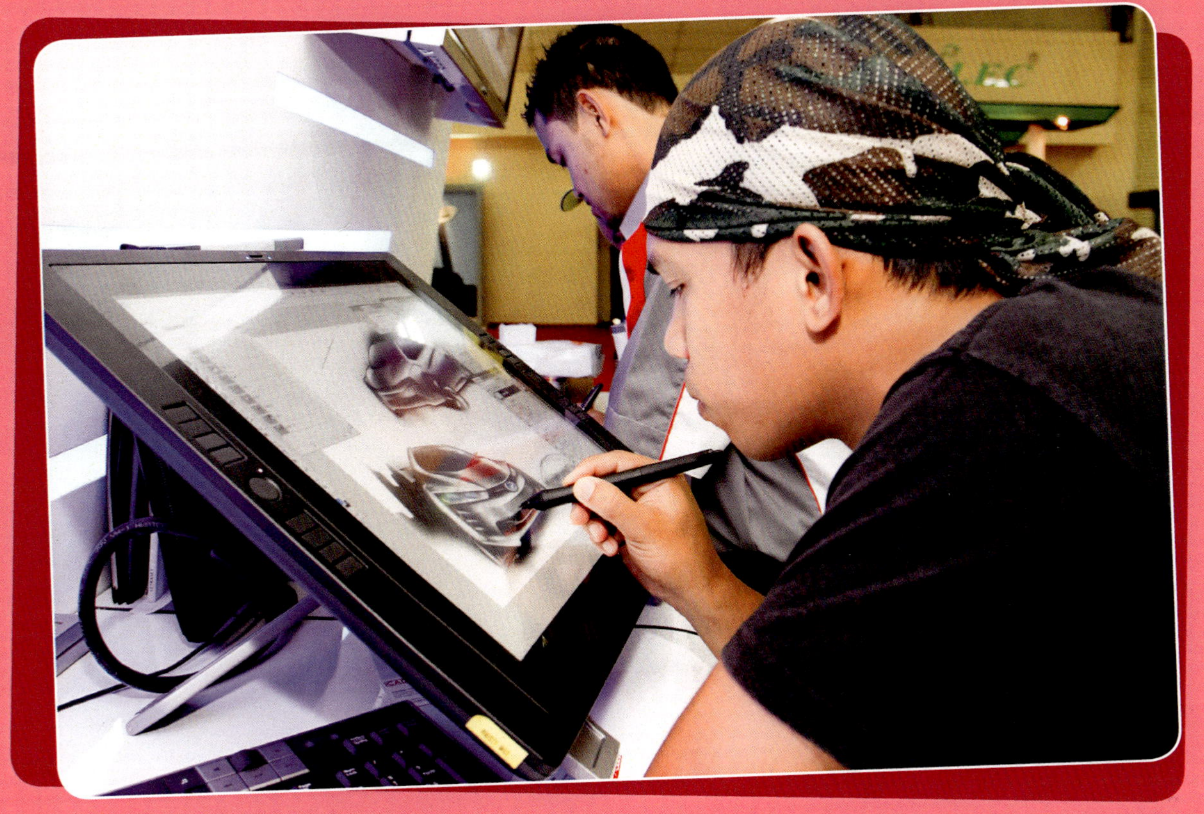

Este artista usa un bolígrafo llamado lápiz óptico para dibujar en la pantalla de un computador.

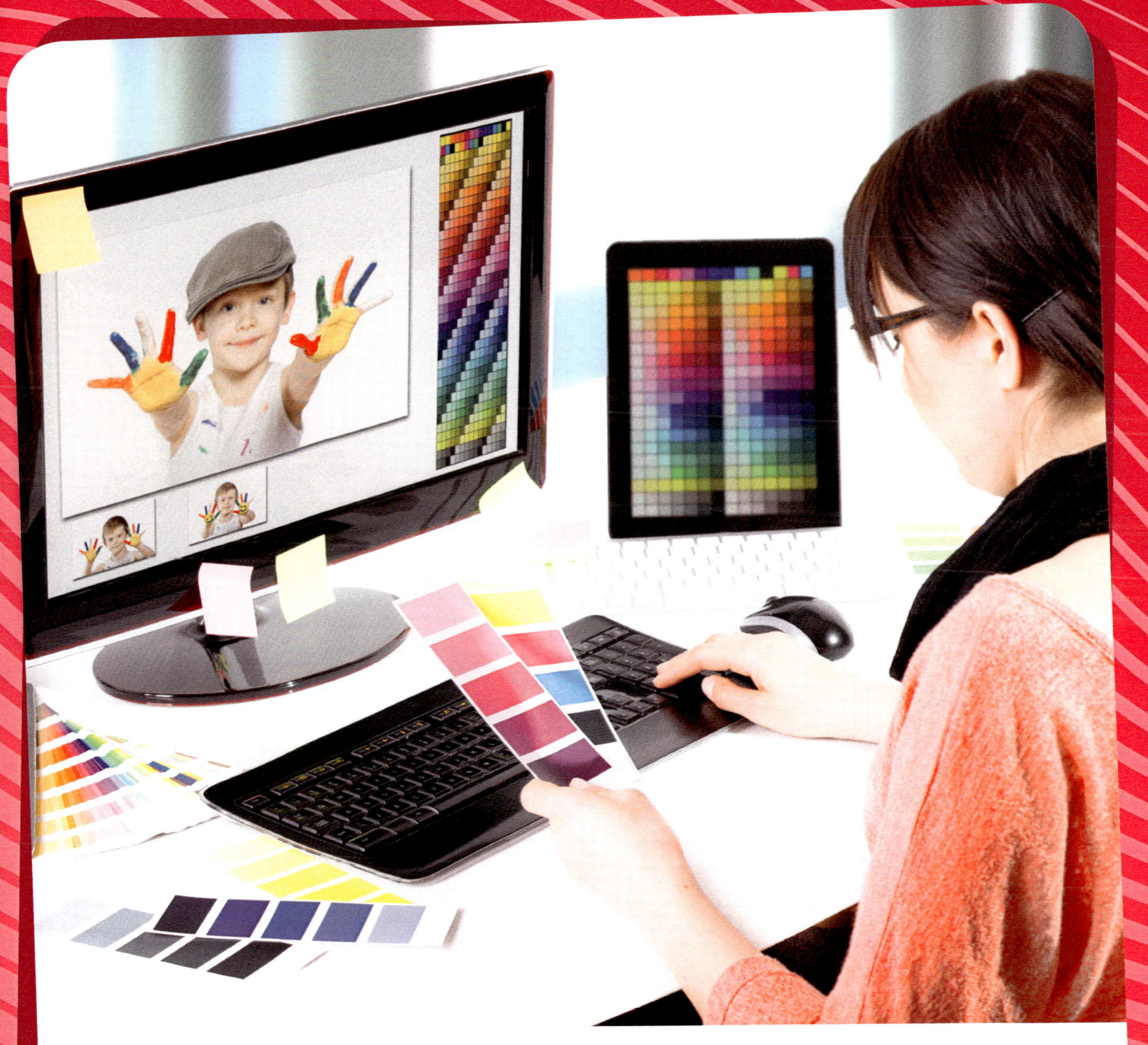

Los artistas usan computadores para
cambiar los colores y formas de su arte.

Palabras nuevas

actuar: verbo. Montar un espectáculo para que la gente lo vea.

carboncillo: sustantivo. Material de dibujo que es usado para crear sombras.

computadores: sustantivo. Aparatos electrónicos que hacen trabajos.

crea: verbo. Que hace algo.

instrumentos: sustantivo. Herramientas que hacen sonidos musicales.

personajes: sustantivo. Personas en un cuento o una obra de teatro.

sombras: sustantivo. Versiones más oscuras o claras de un mismo color, como el negro.

tela: sustantivo. Tejido creado al entrelazar materiales.

Un sustantivo es una persona, lugar o cosa.

Un verbo es una palabra que describe una acción que hace alguien o algo.

Un adjetivo es una palabra que te dice cómo es alguien o algo.

Índice analítico

Sobre la autora

Robin Johnson es una autora y editora independiente que ha escrito más de 80 libros para niños. Cuando no está trabajando, construye castillos en el aire junto a su marido, quien es ingeniero, y sus dos creaciones favoritas: sus hijos Jeremy y Drew.

Para explorar y aprender más, ingresa el código de abajo en el sitio de Crabtree Plus.

www.crabtreeplus.com/fullsteamahead

Tu código es: **fsa20**

(página en inglés)

Notas de STEAM para educadores

¡Conocimiento a tope! es una serie de alfabetización que ayuda a los lectores a desarrollar su vocabulario, fluidez y comprensión al tiempo que aprenden ideas importantes sobre las materias de STEAM. *Los artistas usan herramientas* introduce a los lectores a un vocabulario con el que no están familiarizados a través de la repetición de oraciones y pies de fotografías. La actividad STEAM de abajo ayuda a los lectores a expandir las ideas del libro para el desarrollo de habilidades artísticas y científicas.

Creando una herramienta de arte

Los niños podrán:

- Hacer un plan para construir una herramienta de arte.
- Identificar y demostrar el propósito de la herramienta.

Materiales

- Hoja de planeación de herramientas de arte.
- Material de manualidades, como esponjas, palitos, papel, reglas, cinta adhesiva, pegamento, pinceles, tazas, latas, plumas, etc.

Guía de estímulos

Después de leer *Los artistas usan herramientas*, pregunta:

- ¿Qué es una herramienta?
- ¿Qué herramientas usan los artistas para tomar fotografías? ¿Para crear música? ¿Para actuar?
- ¿Usas herramientas? ¿Cuáles? ¿Qué herramientas usamos en el salón para crear arte?

Actividades de estímulo

Explica a los niños que crearán una herramienta nueva que ayudará a los artistas a hacer arte.

- Su herramienta puede ayudarlos a crear cualquier tipo de arte. No puede ser ninguna que aparezca en *Los artistas usan herramientas*, o ninguna de las que ya se haya hablado en clase.

Haz que los niños formen grupos de tres o cuatro. Cada grupo debe llenar la hoja de planeación de herramientas de arte.

Explica a los niños:

- Usa la lista de verificación para describir qué hace la herramienta.
- Tu herramienta debe ser hecha con los materiales de manualidades que tienes en el aula.
- Poner etiquetas a tu dibujo ayuda a ver cómo cada parte se une con las demás.

Anima a los niños a pensar en los mejores materiales para usar. Pregúntales:

- ¿Debe ser fuerte?
- ¿Debe ser flexible?
- ¿Debería humedecerse con el agua o ser a prueba de ella?

Verifica que cada grupo esté haciendo una planeación efectiva. Luego, pide a los niños que construyan su instrumento usando materiales de manualidades.

Haz que los alumnos muestren y demuestren lo que hicieron. Cada grupo mostrará su herramienta. Demostrará cómo funciona. La mostrará en acción.

Extensiones

Invita a los niños a crear una pieza de arte usando su herramienta, y otra que hayan hecho sus compañeros.

Para ver y descargar la hoja de trabajo, visita **www.crabtreebooks.com/resources/printables** o **www.crabtreeplus.com/fullsteamahead** (páginas en inglés) e ingresa el código **fsa20**.